COQUILLES, COQUILLAGES ET TRÉSORS DE LA PLAGE

Activités du bord de mer pour enfants

COQUILLES, COQUILLAGES ET TRÉSORS DE LA PLAGE

Activités du bord de mer pour enfants

Texte de
Diane Swanson

Illustrations de
Warren Clark

Traduit de l'anglais par
Nicole Ferron

Données de catalogage avant publication (Canada)

Swanson, Diane, 1944-

Coquilles, coquillages et trésors de la plage

Traduction de : Squirts and Snails and Skinny Green Tails.
Comprend des réf. bibliogr. et un index.

ISBN : 2-7625-7911-2

1. Biologie des rivages - Ouvrages pour la jeunesse.
I. Clark Warren. II. Titre.

QH95.7.S9314 1995   j574.5'2638   C95-940195-4

Bien que le masculin soit utilisé dans le texte, les mots relatifs
aux personnes désignent aussi bien les hommes que les femmes.

Squirts and Snails and Skinny Green Tails
Copyright © 1994 Diane Swanson
Publié par Whitecap Books

Version française
© Les éditions Héritage inc. 1995
Tous droits réservés

Dépôts légaux : 1er trimestre 1995
Bibliothèque nationale du Québec
Bibliothèque nationale du Canada
ISBN : 2-7625-7911-2

Imprimé au Canada

LES ÉDITIONS HÉRITAGE INC.
300, rue Arran, Saint-Lambert (Québec) J4R 1K5
(514) 875-0327

95 0 9 8 7 6 5 4 3 2 1 0

Remerciements

Des remerciements particuliers à Yousuf Ebrahim, du département de biologie de l'Université de Victoria, pour m'avoir servi de conseiller scientifique et avoir révisé mon manuscrit ; à l'illustrateur, Warren Clark, pour avoir donné vie au livre grâce à ses dessins à la fois amusants et descriptifs ; et à ma famille — Wayne, Timothy et Carolyn — pour avoir arpenté les plages avec moi et partagé les délices qu'elles nous offrent.

Table des matières

Activités de plage

Voyages à la mer

l'abri ou même la pouponnière d'animaux comme les poissons.

Sois aussi très prudent lorsque tu te trouves près de l'eau et ne perds pas tes parents de vue.

Aux enfants

Quel endroit étonnant que la plage! Les algues brunes éclatent sous tes doigts et les tuniciers t'arrosent... les lunatices creusent et les puces de mer sautent... les crabes marchent de côté et les balanes s'empiffrent. Un endroit pour découvrir... et s'amuser.

Mais avant de t'y aventurer, consulte ce livre. Il te dira où et quand aller à la plage et quoi apporter avec toi. Tu peux fabriquer la lunette marine de la page 13, elle t'aidera à observer ce qui se passe sous l'eau.

À la fin de ta randonnée, rapporte un peu du rivage avec toi — des histoires, des dessins, des photos et des souvenirs. Mais ne rapporte pas les choses que tu y trouves. Elles jouent chacune un rôle dans la vie du bord de mer. Ce qui te semble n'être « rien qu'une algue », par exemple, peut devenir la nourriture,

Aux parents

Le bord de la mer, dont l'aspect change continuellement, est l'endroit idéal pour stimuler la curiosité des enfants. Ce livre a été écrit dans ce but. Il guide les enfants dans des activités qui leur font découvrir les merveilles de la nature tout en les amusant.

Même s'il est important de surveiller les enfants lorsqu'ils jouent près de l'eau, il n'est pas nécessaire de les aider à réaliser les activités décrites dans ce livre. Ils peuvent en suivre les étapes simples tout seuls.

Les mares d'eau du rivage sont des endroits particulièrement fascinants. Une section du livre invite les enfants à observer tout ce qui y grouille ; cependant, elle n'encourage pas les enfants à toucher. Il y a des animaux et des plantes qui sont très fragiles et, sur certains rivages d'Amérique du Nord, quelques créatures des mares peuvent même blesser les curieux. Encouragez vos enfants à découvrir, apprécier et respecter les formes de vie qu'ils trouvent.

Une section intitulée «Quoi apporter» dresse la liste des outils utiles à l'enfant pour ces activités : une loupe peu coûteuse et quelques articles d'utilisation courante. Deux autres sections plus courtes, «Où aller» et «Quand y aller», vous aideront à planifier les visites à la plage.

Que vous ayez une heure ou toute une journée à consacrer à la plage, c'est un cadeau inestimable que vous faites à vos enfants, eux qui ont le don de «voir tout un monde dans un grain de sable».

Sécurité aquatique

Gardez toujours un œil sur les enfants, surtout lorsqu'ils pataugent dans l'eau, jouent sur la plage ou sont agenouillés près d'une mare. Faites attention aux marées et éloignez-vous de l'eau qui monte. Et surtout, surtout, surveillez toujours les grosses vagues.

Où aller

Certaines plages sont composées princi-
palement de sable, de boue ou de roches.
Certaines sont un mélange : une plage
peut être sablonneuse, puis boueuse ou
rocheuse. Les activités proposées dans
ce livre sont possibles sur presque
toutes les plages du Canada et des États-
Unis. Il vous faudra cependant une plage
de sable pour certaines d'entre elles et
une plage rocheuse pour d'autres. Si
vous voulez essayer plusieurs activités la
même journée, visitez une plage qui est
un mélange de deux ou trois types.

Apportez ce livre sur votre plage
préférée. Explorez aussi quelques autres
plages, il n'y en a pas deux pareilles.

Quand y aller

La Lune et le Soleil exercent une attrac-
tion sur la mer. Le niveau d'eau monte,
couvrant la grève, puis il descend, décou-
vrant les plantes et les animaux qui y
vivent. On appelle marées cette montée
et cette descente de la mer. Le meilleur
moment pour visiter la plage, c'est quand
l'eau est basse — c'est-à-dire à marée
basse.

Ce n'est pas toujours jusqu'au même
endroit que l'eau monte et descend.
Mais il est facile de découvrir quand
la marée est basse pour une journée en
particulier. Demande à tes parents de
t'aider à consulter une échelle des
marées — le niveau de l'eau et l'heure
— dans les journaux locaux.

L'été est la saison idéale pour visiter
la plage, mais c'est tout aussi amusant
d'y aller à d'autres moments de l'année.
N'attends pas toujours le soleil : explorer
la plage sous la pluie, vêtu convena-
blement,
peut être
tout
aussi
excitant.

Quoi apporter

Vêtements et autres

- Vêtements qu'on peut porter les uns sur les autres, comme un t-shirt, un coton ouaté, un chandail et un blouson (tu peux t'adapter à la température en en portant un ou plusieurs en même temps)
- Un chapeau
- Une crème solaire
- Des vêtements imperméables, comme un manteau de pluie, une cape avec un capuchon ou un chapeau imperméable (même s'il ne pleut pas, une journée venteuse à la plage peut produire beaucoup d'embruns)
- Des bottes en caoutchouc pour patauger (utiles, mais pas essentielles)
- Une serviette
- Des chaussures de sport pour protéger tes pieds des objets coupants et pour t'empêcher de glisser sur les rochers humides (prends des chaussures que tu peux mouiller)
- Des chaussettes de rechange

Livres

- Ce livre-ci
- Un guide sur la faune et la flore des bords de mer (utile, mais pas essentiel). En voici des exemples :
- *La vie des bords de mer*, Gallimard
- *Le littoral*, éditions Héritage

Matériel pour activités

- Loupe
- Petite pelle ou truelle
- Seau pour le sable ou pot de crème glacée en plastique
- Cahier de notes (voir «Comment tenir un journal de plage»)
- Crayon

- Parapluie (emporte-le, pour le soleil comme pour la pluie)
- Lunette marine (voir «Fabrique une lunette marine»)
- Jumelles (utiles, mais pas essentielles)

Comment tenir un journal de plage

C'est intéressant de te rappeler les choses que tu as vues et faites à la plage. De cette façon, tu pourras comparer avec d'autres visites à la plage.

Un simple cahier suffit pour tenir ton journal. Écris la date en haut de la page. En dessous, inscris le nom de la plage (si elle n'en a pas, donne-lui-en un), puis quelques mots au sujet du temps qu'il fait. Par exemple, tu peux indiquer «chaud, ensoleillé, mais venteux».

Utilise ton journal pour les activités de ce livre. Tu peux aussi t'en servir pour dessiner ou pour y inscrire des notes ou des questions au sujet des choses que tu vois.

Fabrique une lunette marine

L'eau ressemble parfois à un miroir. Lorsque tu regardes dedans, tu vois ton reflet. Une lunette marine peut t'aider à voir plus distinctement sous l'eau. C'est facile et rapide à fabriquer.

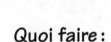

Il *te faut*:

- un carton de lait de 2 litres
- des ciseaux

- de la pellicule plastique transparente
- du ruban adhésif transparent
- deux élastiques

Quoi faire:

1. Découpe le haut et le bas du carton de lait.

2. Déchire un bout de pellicule plastique de 50 cm de long.

3. Dépose le carton au centre de la pellicule.

4. Replie la pellicule sur les quatre côtés du carton et colles-y les bouts.

5. Entoure la pellicule et le carton de deux élastiques: l'un près du haut et l'autre en bas.

6. Utilise ta lunette en mettant le bout recouvert de plastique dans l'eau et le bout ouvert près de ton visage.

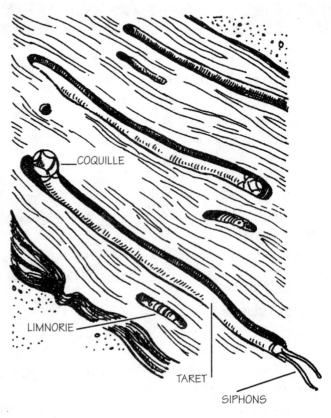

Un perce-bois sachant percer...

Qu'est-ce qui ressemble à la fois à un ver, une palourde et une termite? C'est un taret, c'est-à-dire une mini-palourde dont la petite coquille est attachée à un corps allongé comme celui d'un ver. Les tarets creusent le bois, tout comme les termites. Les limnories, petits animaux marins à 14 pattes, font la même chose. Les tarets et les limnories sont des perce-bois qui peuvent transformer un bateau ou un quai en sciure de bois. C'est pourquoi on les surnomme les «termites de la mer».

En grattant avec sa coquille, le taret creuse un trou dans le bois, puis, avec sa queue, il en cimente hermétiquement l'ouverture. À mesure qu'il grossit, il perce son tunnel. Sa coquille est moins large que l'ongle de ton petit doigt, mais son corps peut mesurer jusqu'à 30 cm de long. Le taret se sert de tubes qu'on appelle siphons pour pomper l'eau. Il vit de l'oxygène et des miettes de nourriture contenus dans l'eau.

La limnorie, qui a la taille de la lettre «O», creuse avec sa bouche. Elle se nourrit de moisissures — matières végétales — qui poussent dans le bois, aussi bien que du bois lui-même.

COQUILLE

LIMNORIE

TARET

SIPHONS

LIMNORIE

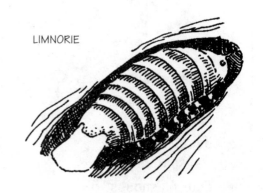

Bois flotté sur la rive

1. Essaie de trouver, le long de la plage, des rondins, des planches et d'autres bouts de bois rejetés par les vagues ou abandonnés par les marées.

2. Vérifie leur couleur. Le bois qui vient d'être rejeté sera peut-être brun ou rougeâtre. Le bois qui est resté sur la plage pendant quelques semaines est plutôt gris. Peu importe la couleur d'origine du bois, le climat du bord de mer va lui donner la même teinte terne. Gratte le bois flotté gris avec ta petite pelle pour voir la couleur en dessous.

3. Tâte les bouts des gros et des petits morceaux de bois flotté. Ils sont probablement doux et ronds — usés par l'eau.

4. Presse le bois. S'il est mou ou spongieux, fends-le avec ta pelle. Regarde les tunnels à l'intérieur. Ils seront probablement vides, mais ils sont le résultat du travail des tarets et des limnories. Si tu y trouves des animaux vivants, examine-les, puis remets le bois à sa place. Fends un autre morceau de bois flotté et cherche d'autres tunnels.

Les différents tunnels

1. Observe les tunnels dans le bois flotté que tu as fendu. Les tunnels des tarets sont longs, mais ceux des limnories sont plus courts qu'un trombone.

2. Vérifie la largeur des tunnels. Si tu peux y glisser un crayon, c'est probablement l'œuvre d'un taret. Les limnories font des tunnels plus étroits.

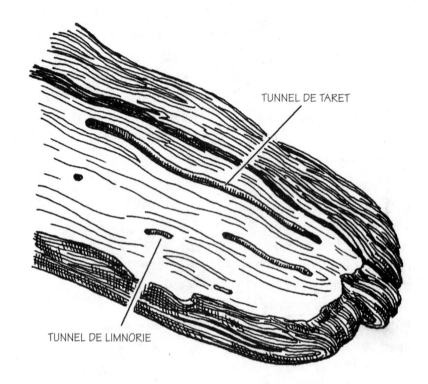

TUNNEL DE TARET

TUNNEL DE LIMNORIE

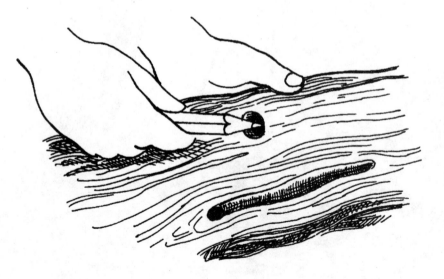

3. Regarde bien les parois des tunnels. Les tarets les recouvrent d'une mince matière crayeuse. Les limnories ne « tapissent » pas ainsi leurs tunnels. Et si une paroi commence à s'effriter, la limnorie creuse habituellement un nouveau tunnel.

Les limnories en rient

CLOPORTE ROULÉ EN BOULE

- À la mer, les bernacles vivent souvent sur les rondins flottants creusés par les tarets et les limnories.

- Les limnories s'apparentent aux cloportes que tu retrouves dans ta cour. Si on les dérange, les limnories et les cloportes se roulent aussitôt en boule.

- En une journée, un taret peut creuser un tunnel aussi long que l'ongle de ton pouce.

Concert de roc

Au fil des années, la mer martèle inlassablement les rivages. Elle frappe les crevasses des rochers et des falaises avec l'air et l'eau. Peu à peu, ces crevasses s'entrouvent, puis des gros morceaux de roc tombent dans la mer.

Les vagues se servent de ces morceaux de rocher pour concasser d'autres morceaux de roc du rivage. Avec le temps, les roches brassées par la mer deviennent de plus en plus petites et se transforment en galets puis en minuscules grains de sable.

Le sable et les galets ont la couleur des rochers auxquels ils appartenaient. Mais les plages sont faites d'un mélange de roches. Maintes plages sablonneuses, par exemple, contiennent des milliards de grains gris et blanc provenant d'un minerai appelé quartz. Elles contiennent aussi du sable brun, rouge et noir, provenant de différents rochers. Les galets sont souvent rouges, dorés, verts, blancs ou noirs.

Regarde, écoute et tâte les galets

1. Agenouille-toi à la limite du rivage, là où tu peux voir les galets sous l'eau. Observe-les pendant que les vagues les rejettent sur le sable. Regarde comment ils se déplacent.

2. Approche ton oreille de l'eau et écoute. Tu entendras les galets s'entrechoquer en culbutant.

3. Ramasse une poignée de galets. Ils sont arrondis parce qu'ils s'usent en se faisant brasser tous ensemble.

4. As-tu remarqué comme les galets sont colorés et brillants lorsqu'ils sont mouillés? Dépose-les loin de l'eau. Vérifie si, une fois secs, les galets sont toujours aussi colorés et brillants.

5. Regroupe les galets selon leur taille, couleur ou forme. Essaie d'imaginer d'autres façons de les grouper.

6. Replace les galets là où tu les as trouvés.

Pieds nus dans le sable

1. Ramasse une poignée de sable sec. Regardes-en les grains à la loupe. Remarque les différentes couleurs.

2. Regarde la forme des grains de sable. La plupart sont rugueux — ils ne sont pas lisses. Frotte le sable entre tes doigts. Quelle est sa consistance: poudreuse ou granuleuse?

3. Enlève tes chaussures et tes chaussettes. Enfonce tes pieds nus dans le sable sec, puis agite tes orteils. Si tu peux enterrer facilement tes pieds, les grains sont gros. Si le sable semble ferme sous tes pieds, les grains sont fins. Il y a plus d'espace entre les gros grains qu'entre les grains de sable fin.

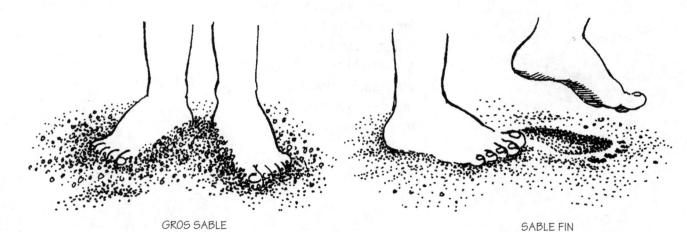

GROS SABLE   SABLE FIN

4. Remplis un seau d'eau de mer et verse-la sur du sable sec, loin de la mer. Lorsque l'eau a imbibé le sable, creuse vite avec ta pelle pour vérifier jusqu'où s'est enfoncée l'eau. Elle s'infiltre plus rapidement dans du gros sable que dans du sable fin.

5. Cherche les deux sortes de sable et verse de l'eau sur chacune d'elles. Compare-les.

6. N'oublie pas de reboucher les trous que tu as creusés.

Au rythme des vagues

- Sur certains rivages non protégés, les vagues puissantes creusent jusqu'à 6 m de falaise par année — environ la longueur de trois lits bout à bout.

- Les constructeurs se servent de sable de quartz commun pour fabriquer des trottoirs, des ponts et des édifices.

- Sur un rivage du Pacifique, aux États-Unis, les vagues ont créé une petite plage, pas avec du sable ni des galets, mais avec les boîtes de conserve d'un dépotoir avoisinant.

On se serre la pince!

Les crabes se sauvent à toute allure le long des plages rocheuses, sablonneuses et boueuses du monde entier. Même si on en trouve de plusieurs couleurs, formes et tailles, les vrais crabes ont tous cinq paires de pattes: quatre paires qui servent à marcher, et une paire, pourvue de pinces, pour attraper leur nourriture et se battre.

Un crabe peut voir dans toutes les directions. Ses yeux très mobiles tournent au bout de deux pédoncules sur le dessus de sa tête. Deux paires d'antennes situées entre ses yeux lui permettent de toucher et de sentir.

La carapace dure qui protège son corps mou ne grossit jamais. Lorsqu'elle devient trop serrée, elle se casse, et le crabe en sort par-derrière. Pendant trois ou quatre jours, le corps mou du crabe grossit très vite, puis une nouvelle carapace durcit autour de lui. Beaucoup de crabes adultes muent (perdent leur carapace) chaque année. Les jeunes crabes muent plus souvent.

ŒIL   ANTENNES   PINCE

Sacrés crabes!

1. À marée basse, débusque les crabes dans leurs cachettes habituelles.

   - Cherche parmi les pierres et le gravier.

   - Inspecte les crevasses dans les pierres.

   - Regarde en dessous et entre les pierres.

   - Scrute les mares d'eau des plages rocheuses.

   - Fouille les algues.

2. Observe à quel point le crabe est plat. Regarde, sur la carapace, la couleur et les marques qui lui permettent de se fondre dans le décor de façon que ses ennemis ne puissent le voir.

3. Recherche des crabes de couleurs différentes et avec d'autres taches. Tu devras peut-être explorer plusieurs parties de la plage.

4. Essaie de t'approcher de façon à voir les yeux du crabe et les antennes entre ses yeux.

5. Regarde marcher un crabe — habituellement, il se déplace de côté. Avec les quatre pattes d'un côté de son corps, il pousse, tandis qu'il tire de l'autre côté avec les quatre autres pattes.

6. Pose tes mains par terre. Sers-toi de tes deux paires de «pattes» pour marcher de côté — en poussant et en tirant comme un crabe.

Chasse aux carapaces

1. Cherche les carapaces vides le long de la plage. Certaines sont les restes de crabes morts, mais plusieurs ont été perdues lors de la mue.

2. Y a-t-il une fente entre le dos et la «queue» de la carapace? C'est un signe de mue. La queue est la partie du crabe qui est enveloppée sous son corps. La femelle a la queue plus large que le mâle. Elle l'utilise pour transporter ses œufs.

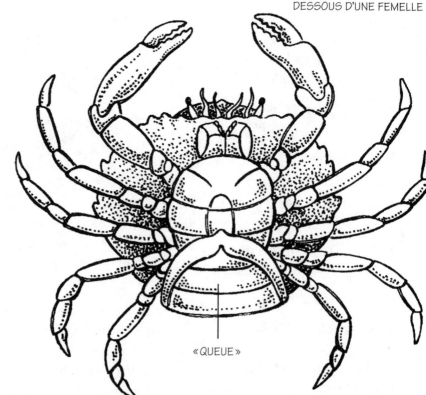

«QUEUE»

3. Inspecte la partie de la carapace qui recouvrait la tête. Tu peux voir où se trouvaient les pédoncules des yeux. Utilise ta loupe pour observer les pièces buccales qui ressemblent à de minuscules pattes. Les crabes les utilisent pour déchiqueter leur nourriture.

4. Divise les carapaces vides en deux groupes: celles qui ont de larges queues (femelle) et celles qui ont des queues étroites (mâle). Compte les carapaces de chaque groupe et inscrit cette information dans ton cahier. Compare ces nombres avec le nombre de mâles et de femelles que tu trouveras à ta prochaine visite.

5. Laisse les carapaces de crabes sur la plage.

Cancans de crabes

- L'araignée de mer — tout comme les araignées — a de longues pattes maigres. Une espèce d'araignée de mer, le crabe décorateur, colle des algues, de l'éponge et plusieurs autres formes de vie marine sur son dos afin de se camoufler.

- Le plus gros crabe est l'araignée de mer du Japon qui vit en eau profonde. Ses longues pattes mesurent près de la longueur de deux lits bout à bout.

- Il n'est pas rare de voir des couples de pinnothères, crabes gros comme des petits pois, habiter dans des coquilles de palourdes vivantes.

À la poursuite des ermites

1. À marée basse, fouille parmi les galets, dans l'eau peu profonde le long de la grève ou dans les mares d'eau des plages rocheuses. Cherche un animal qui a la coquille d'un escargot, mais la tête et les pattes d'un crabe. C'est un bernard-l'ermite. Comme il n'a pas sa propre coquille complète, ce crabe se loge dans les coquilles vides des escargots de mer pour se protéger. Lorsqu'il grossit, il déménage dans une coquille plus grande.

2. Observe la forme arrondie de la coquille. Le corps mou de ce crabe adopte la forme de la coquille.

3. Regarde le bernard-l'ermite se déplacer, en traînant sa coquille. Il marche habituellement sur deux paires de pattes seulement. Deux autres paires l'aident à soutenir la coquille.

4. Prends DOUCEMENT une coquille et place-la dans ta main ouverte. Observe la vitesse avec laquelle le bernard-l'ermite se glisse à l'intérieur. Il va sûrement utiliser sa grosse pince pour refermer l'ouverture de la coquille. Examine-le à la loupe.

5. Replace DOUCEMENT la coquille là d'où elle vient. Attends patiemment. Combien de temps le bernard-l'ermite met-il à réapparaître ?

6. Cherche un autre bernard-l'ermite. Compare la taille, la forme et la couleur de sa coquille avec celle du premier.

De toutes les couleurs

Touffues ou toutes en longueur, grumeleuses ou douces, longues ou courtes. Des milliers d'espèces d'algues vivent dans la mer, mais il y en a trois groupes principaux : les vertes, les brunes et les rouges.

Les algues n'ont pas de racines, de tiges ou de feuilles véritables. Mais plusieurs possèdent des parties dures et caoutchouteuses, qui rappellent les tiges et qu'on appelle thalles, pouvant plier aisément dans les fortes vagues. Certaines ont des crampons, c'est-à-dire des parties semblables à des racines qui ancrent les thalles aux rochers et aux autres surfaces dures. Certaines espèces d'algues ont aussi des sacs d'air qui font office de flotteurs. Ces sacs maintiennent les frondes des algues dressées vers la lumière.

Un grand nombre d'animaux ont besoin des algues. Pour certains, c'est de la nourriture ; pour d'autres, c'est un endroit où pondre des œufs ou se cacher des ennemis, ou encore se protéger du choc des vagues et des tempêtes. Beaucoup de gens utilisent les algues dans la nourriture, les engrais et les médicaments.

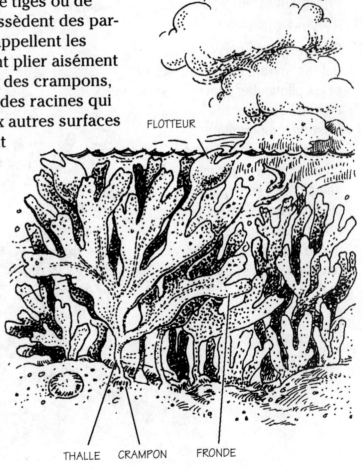

FLOTTEUR

THALLE   CRAMPON   FRONDE

Algues en tout genre

1. Recherche les algues à marée basse, surtout le long des grèves rocheuses. Mais évite de marcher sur les algues qui sont sur les rochers, car c'est glissant. Ne cherche pas dans les estuaires où les fleuves rejoignent la mer. Peu d'algues y poussent.

2. Repère les algues vertes qui recouvrent les rochers et les pilotis des quais en eau peu profonde. Observe comment certaines espèces ondulent ou se plient avec le mouvement de l'eau. Compte les différentes sortes que tu vois. Les algues te paraissent-elles différentes dans l'eau et dans l'air?

3. Découvre la laitue de mer, une algue vert clair avec des frondes larges et ondulées. Dessine la forme de la laitue de mer dans ton cahier. N'y goûte pas, mais, une fois à la maison, compare sa forme avec celle de la laitue que tu manges.

4. Trouve les algues brunes et les algues rouges échouées sur la plage, surtout après un orage. L'algue brune pousse habituellement en eau plus profonde que l'algue verte. Les algues rouges poussent souvent en eau encore plus profonde. Observe les crampons. Touche les frondes gluantes. Les thalles sont-elles faciles à plier?

5. Cherche des fucus, ces algues brunes dont quelques espèces possèdent des flotteurs. Essaie d'en crever quelques-uns avec tes doigts et écoute l'air s'échapper. Fais flotter quelques fucus sur le bord de l'eau et remarque comment les flotteurs font tenir les frondes dressées.

Algues étonnantes

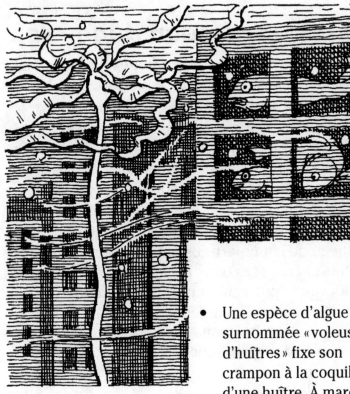

- Sur la côte ouest de l'Amérique du Nord, une algue brune nommée varech géant peut mesurer jusqu'à 30 m de long — c'est plus haut qu'un édifice de 10 étages.

- Une espèce d'algue surnommée «voleuse d'huîtres» fixe son crampon à la coquille d'une huître. À marée haute, la voleuse s'enfuit grâce à ses flotteurs, emportant l'huître.

- Lorsqu'un morceau de fucus est arraché, celui-ci continue à pousser et forme une nouvelle plante.

Comme un poisson dans l'eau

L' une des créatures les plus rapides du littoral est le poisson. Fait pour nager, le poisson file dans l'eau, tourne et virevolte avec aisance.

Les scientifiques pensent que 30 000 espèces différentes de poissons vivent sur Terre. Il y en a de toutes les couleurs, mais la plupart des poissons qui nagent près de la surface sont argentés. De cette façon, ni les oiseaux ni les autres prédateurs ne peuvent les repérer dans l'eau scintillante.

La peau de la plupart des poissons est recouverte d'écailles enchâssées dans la peau. Les écailles grandissent avec le poisson, dont la croissance ne s'arrête jamais. Cependant, en vieillissant, les poissons et leurs écailles croissent plus lentement.

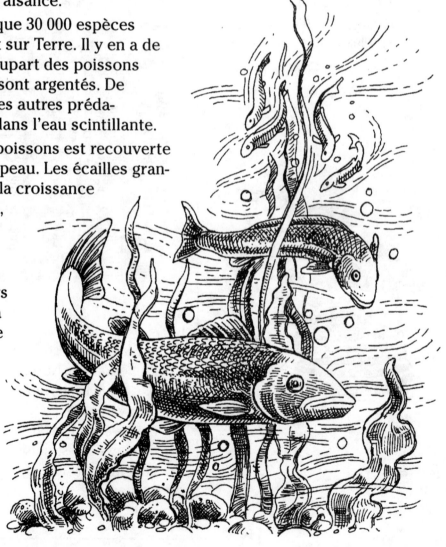

Le poisson semble toujours nous dévisager parce qu'il n'a pas de paupières. Mais, même si ses yeux sont toujours ouverts, il réussit à se reposer, habituellement en faisant plusieurs petites siestes par jour.

Musique aquatique

1. En guise d'instruments à percussion, ramasse deux galets de la taille de ton poing et plonge tes pieds dans de l'eau claire et peu profonde près du rivage.

2. Tiens les galets sous l'eau. Frappe-les ou frotte-les l'un contre l'autre à plusieurs reprises. Le son se déplace sous l'eau. Ta « musique » aquatique intéressera peut-être quelques poissons… ?

3. Reste immobile, comme le Grand Héron de la page 35. Regarde bien dans l'eau. Si tu vois un poisson, n'avance pas vers lui. Reste où tu es et laisse le poisson venir à toi.

4. Regarde le poisson se déplacer. Vois comme il nage, s'arrête et tourne avec facilité.

5. Si aucun poisson n'apparaît, répète les étapes 2, 3 et 4. Recommence l'activité dans une autre étendue d'eau peu profonde du bord de la plage. Compte combien de poissons tu peux attirer avec ton concerto aquatique.

Observation de poissons

1. Recherche les poissons, petits ou gros, dans les eaux claires et peu profondes des mares d'eau des plages rocheuses. Si tu as fabriqué la lunette marine de la page 13, tu peux l'utiliser. Tu peux aussi te servir d'un parapluie pour atténuer le miroitement dans l'eau. Ton ombre peut chasser les poissons. Sois patient et ne bouge pas. Ils viendront probablement là où tu peux les voir.

2. Observe le déplacement des poissons: la plupart agitent leur puissante queue d'un côté à l'autre.

3. Regarde de plus près comment les poissons se servent de leurs nageoires. Celles de leur queue les aident à se diriger. Celles du dos et du ventre leur permettent de se tenir droit. Les nageoires latérales sont comme des rames: les poissons s'en servent pour avancer, s'arrêter, reculer et tourner.

4. Remarque l'habileté du poisson à se tenir comme suspendu dans l'eau. Lorsqu'il cesse de nager, il ne coule pas et ne monte pas à la surface. La raison, c'est que plusieurs poissons possèdent des sacs d'air à l'intérieur de leur corps. L'air aide le poisson à rester sur place. Les poissons peuvent aussi monter en augmentant la quantité d'air dans leurs sacs et s'enfoncer en la diminuant.

5. Regarde un poisson respirer. Il ouvre la bouche et avale de l'eau. Le poisson utilise des organes appelés branchies pour capter l'oxygène de l'eau. Regarde bouger les opercules (qui recouvrent les branchies) lorsque l'eau ressort.

OPERCULE

Poissons pas possibles

- Le voilier (sailfish) est probablement le poisson le plus rapide. Sa vitesse dans l'eau est plus grande que celle des autos sur une autoroute.

- Le plus gros poisson est le requin-baleine. Il est aussi long qu'un terrain de volley-ball — 18 mètres.

- Certaines espèces de poissons changent de couleur pour se confondre avec le sable et les rochers autour d'eux.

Un appétit d'oiseau

Sur la plage, il y a des oiseaux de toutes tailles et de toutes formes. Et ils sont tous affamés. Plusieurs avalent tous les jours leur poids en nourriture — mais ils doivent d'abord la trouver.

La façon dont les oiseaux cherchent leur nourriture dépend de leur espèce. Certains pataugent en eau peu profonde. D'autres nagent et plongent en pleine mer. D'autres encore font les deux. Et tu verras ainsi des oiseaux qui utilisent d'autres techniques pour trouver leur nourriture.

C'est amusant de regarder les oiseaux attraper et manger leur nourriture sur la plage. C'est aussi très drôle de constater que l'expression populaire «avoir un appétit d'oiseau» ne correspond pas dans la réalité à un petit appétit !

Ohé! les échassiers!

1. Regarde les oiseaux déambuler le long de la grève et patauger en eau peu profonde. Utilise des jumelles si possible. Cherche les grands oiseaux et les petits. Combien d'espèces peux-tu identifier? Inscris dans ton cahier combien d'échassiers tu vois. Lors d'une autre excursion, compare les nombres d'échassiers aperçus.

2. Regarde les pattes et les pieds des oiseaux. Les échassiers ont de longues pattes en comparaison de leur taille. Ils ont aussi de longs doigts pour leur faciliter la marche sur le sable et dans la boue. Si tu n'aperçois pas leurs pieds, vérifie leurs empreintes après leur départ.

3. Beaucoup d'échassiers ont un long bec et un long cou qui leur permettent de pêcher des poissons ou de fouiller dans le sable et dans les algues pour attraper des vers et des crabes. Observe les échassiers qui attrapent leur nourriture.

4. Cherche le Grand Héron. C'est un échassier commun. Il peut être aussi grand que toi (environ 1 m) avec un long cou recourbé et une huppe sur la tête. Observe-le patiemment. Il se tient souvent aussi immobile qu'une statue, puis, soudain, il attrape un poisson. Le héron pointe alors son bec en l'air et le poisson glisse le long de son cou.

5. Observe encore le héron. Il marche parfois très lentement, mettant plusieurs minutes à soulever une patte de l'eau et à faire un pas. Essaie de marcher à ce rythme.

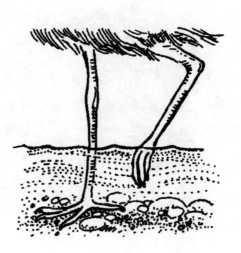

Surveille les oiseaux nageurs

1. Regarde les oiseaux nager sur la mer. Utilise des jumelles si possible. Les oiseaux nageurs ont les pieds palmés comme des rames, ce qui les aide à nager. Vérifie combien d'espèces tu peux identifier, puis ouvre ton cahier. Sous le nombre des échassiers, inscris le nombre d'oiseaux nageurs que tu vois. Lors d'une autre excursion, compare ce nombre avec celui des oiseaux nageurs que tu trouveras.

2. Essaie de voir comment les oiseaux nageurs attrapent leur nourriture. Certains mangent à la surface de l'eau. D'autres plongent pour trouver crustacés ou algues. D'autres nagent très bien sous l'eau, en s'aidant de leurs puissantes ailes.

3. Observe ces oiseaux sur la grève. Tu en verras peut-être un se servir de son bec pour prendre de l'huile près de son croupion (sa queue), puis l'étendre sur ses plumes pour les imperméabiliser.

4. Repère des canards — ces oiseaux aquatiques bien connus. En vois-tu certains nager, la tête sous l'eau, puis plonger ? D'autres volent près de la surface, puis plongent soudain. Certains canards ont un bec rugueux qui leur permet d'attraper des poissons glissants.

Drôles d'oiseaux !

- Le Canard kakawi, un petit canard nordique, plonge jusqu'à 60 m pour aller chercher sa nourriture. Un édifice de 20 étages serait recouvert d'eau à cette profondeur.

- Lorsqu'ils ont faim, les jeunes goélands picotent la tache rouge sur le bec de leurs parents. Ces derniers régurgitent alors de la nourriture partiellement digérée dont ils nourrissent leurs petits.

- Un héron fait parfois tomber une plume de son bec, puis attrape le poisson qui nage vers la plume.

5. Cherche un cormoran, ce gros oiseau noir avec une tache de couleur vive sur la gorge. Il nage, puis plonge — souvent à des grandes profondeurs — en utilisant son long cou et son bec recourbé pour attraper des poissons. Mais ses plumes ne sont pas imperméables. Après la pêche, le cormoran tient ses ailes déployées pour les faire sécher. Observe-le dans cette position sur les rochers proches du littoral.

Goélands gourmands

1. Surveille les gourmands de la plage, les goélands. Ils mangent à peu près de tout, même les grosses étoiles de mer qu'ils avalent entières. Ils attrapent leur nourriture en pataugeant, en nageant et en plongeant, et souvent juste en picorant.

2. Essaie de trouver plusieurs espèces de goélands. Ce sont des oiseaux robustes avec de longues ailes pointues. Leur couleur varie. Certains sont brunâtres. Plusieurs sont blancs, noirs ou gris, ou un mélange de ces couleurs.

3. Remarque leurs longues pattes faites pour patauger et leur bec recourbé pour fouiller dans les algues, sous les pierres et dans la boue.

4. Essaie de trouver un goéland tenant un coquillage dans son bec. Il va voler au-dessus d'un rocher, laisser tomber le coquillage, puis vérifier s'il est cassé. Pour déguster la nourriture à l'intérieur, le goéland va laisser tomber le coquillage jusqu'à ce qu'il se brise.

5. Regarde les goélands se nourrir dans l'eau. Puissants nageurs, ils plongent sous l'eau pour y trouver des proies, surtout des poissons qu'ils attrapent grâce à leur bec recourbé.

6. Observe la façon dont les goélands nettoient une plage. Ils mangent les animaux morts, les détritus des bateaux de pêche et une foule d'autres choses.

Vie de palourde

Il y a plein de palourdes qui vivent sur les plages, mais, à moins de creuser, tu ne les verras pas. Elles s'enterrent généralement dans le sable, la boue ou le gravier, et tendent des siphons (une sorte de tubes) jusqu'au niveau du sol pour atteindre l'eau à marée haute. La plupart ont deux siphons : l'un pour aspirer l'eau et l'autre pour l'expulser. L'eau transporte oxygène et miettes de nourriture. Certaines espèces de palourdes utilisent leur siphon d'entrée d'eau comme un aspirateur pour aspirer les miettes de nourriture sur la plage.

La palourde creuse le sable avec son pied puissant. Le bout de son pied s'étire pour permettre à l'animal de s'ancrer et de s'enfoncer. Ensuite, le pied peut creuser plus profondément encore.

SIPHONS

VALVES

PIED

On fait la course?

1. À marée basse, cherche la trace des palourdes.

- Recherche les petits trous dans la boue ou le sable des plages dégagées.

- Soulève les galets et les grosses pierres pour voir s'il y a des trous dans le sable ou la boue.

- Surveille les jets d'eau sur la plage. Ils peuvent atteindre le haut de ta jambe.

2. Lorsque tu repères la trace d'une palourde, prends ta pelle et creuse à 15 cm environ à côté de la trace. De cette façon, il y a moins de risques de briser la coquille.

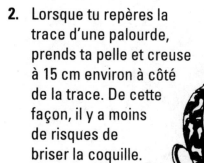

3. Dépêche-toi d'enlever plusieurs pelletées de sable ou de boue — les palourdes creusent parfois étonnamment vite.

4. Dépose ta pelle et fouille dans le sable humide.

5. Si la palourde se sauve, remplis le trou. Puis répète les étapes de 1 à 4. Si tu trouves une palourde, continue ta lecture.

La palourde, de la tête au pied

1. Prends DOUCEMENT une palourde vivante. Vérifie si son pied, ses siphons ou une autre partie de son corps mou sortent de sa coquille. Certaines espèces peuvent tout rentrer à l'intérieur et bien refermer leur coquille. D'autres n'ont pas la place pour se cacher entièrement à l'intérieur. Leur coquille ne se referme jamais complètement.

2. Remarque la taille, la forme et la couleur de la palourde. Il y en a environ 800 espèces différentes dans le monde.

3. Identifie la partie la plus vieille de la coquille de la palourde : la protubérance. C'est une bosse située près de la charnière qui réunit les deux valves.

4. Passe tes doigts sur les stries de la coquille. Ces stries se forment à mesure que la palourde, en croissant, ajoute de la matière dure aux contours des deux valves de sa coquille. Plus il y a de stries, plus la palourde est âgée.

5. Remets la palourde où tu l'as trouvée et remplis le trou.

6. Cherche d'autres palourdes. Essaie d'en trouver de différentes espèces. Compare leur taille, leur forme et leur couleur.

7. Marche le long de la plage et cherche des coquilles vides.

- Tâte la partie intérieure qui abritait autrefois le corps mou de la palourde et vois comme c'est doux.

- Retrouve les deux cicatrices là où les puissants muscles de la palourde se trouvaient. Ils refermaient la palourde.

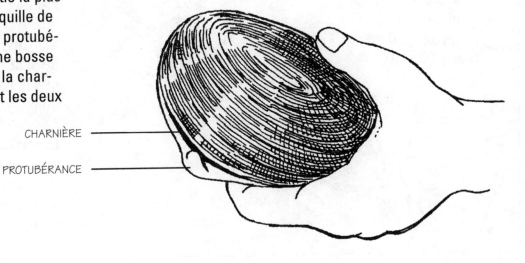

CHARNIÈRE

PROTUBÉRANCE

• Cherche la région de la protubérance. Si tu aperçois un trou bien rond, tu as découvert un indice sur la façon dont la palourde a pu mourir. Pour en savoir plus, regarde les activités de la lunatice, pages 48 à 50.

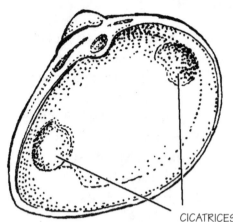

CICATRICES DES MUSCLES

8. Combien de palourdes de différentes formes, couleurs et tailles as-tu trouvées? Laisse les coquilles sur la plage.

Palourdes à l'affiche

• Le couteau, appartenant à la famille des palourdes, est un terrassier rapide. En 60 secondes, il peut s'enfoncer de la longueur de deux règles (60 cm).

• L'animal qui grandit le moins vite est probablement une palourde pélagique qui vit dans les grandes profondeurs de l'océan Atlantique. Elle met environ 100 ans à devenir aussi longue que l'ongle de ton petit doigt.

• La pholade d'Amérique du Nord creuse des trous dans les rochers ou le ciment et y reste toute sa vie.

Mini-mers

Lorsque la marée descend, elle laisse des mares dans les trous et les dépressions le long des plages rocheuses. Chacun de ces bassins est un aquarium naturel, peuplé de centaines de plantes et d'animaux différents. Lorsque la marée monte, la mer recouvre de nouveau ces mini-mers.

Comme la vie dans les mares ressemble à celle de la mer, ces mares nous donnent une chance d'observer ce qui se passe sous l'eau. Le spectacle est saisissant : des étoiles de mer pourpres rampent sur les rochers, des poissons filent à toute allure, et des anémones de mer attrapent des petits crabes.

Plonge un œil

1. Inspecte les mares le long d'une plage ; fais-le prudemment, car les rochers y sont souvent glissants. Trouve une mare d'eau salée peu profonde, mais grouillante de vie.

2. Compte les différentes espèces que tu vois. N'oublie pas de regarder dans les fentes et sous les rebords des rochers. Avec un bâton ou un crayon, agite DOUCEMENT les algues. Un petit poisson, un crabe ou un autre animal peuvent s'y cacher.

3. S'il fait soleil, réduis les reflets en utilisant un parapluie ou apporte ta lunette marine si tu en as une (voir page 13). Si tu possèdes une petite loupe, dépose-la à l'intérieur de ta lunette. Avant d'enfoncer ta lunette dans l'eau, assure-toi de t'agenouiller sur une pierre solide et rappelle-toi de ne pas trop te pencher.

4. Reste le plus immobile possible en observant les animaux de la mare. S'ils voient ton ombre, peut-être se cacheront-ils ou resteront-ils immobiles au début. Mais, si tu ne bouges pas, la vie va reprendre son cours.

5. Remarque quels animaux se déplacent et à quelle vitesse. Tu auras peut-être la chance d'en voir un se nourrir.

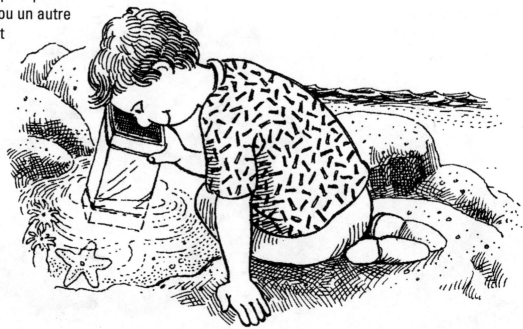

Merveilles de mer

- Quels sont les deux endroits les plus étranges où vivent les balanes ? Sur le nez d'une baleine et sur les orteils d'un pingouin.

- Une nouvelle étoile de mer entière peut pousser à partir d'un seul bras et d'un morceau de son disque central.

- Les oursins sont couverts de tellement de piquants qu'on les appelle aussi « hérissons de mer ». Mais l'oursin perd tous ses piquants en mourant.

6. Dans la mare, cherche quelques-uns des animaux figurant sur le tableau des pages 46 et 47. Fais une liste de ceux que tu vois. Compare tes trouvailles de différentes mares à des jours différents. Chaque mini-mer est spéciale et se transforme sans arrêt.

7. Compare les anémones, les balanes et les moules que tu vois dans les mares avec celles que tu vois dans les endroits plus secs. Remarque quand elles sont fermées ou ouvertes.

Rappelle-toi :

Il peut être dangereux, pour toi et pour eux, de toucher certains animaux des mares. Contente-toi de regarder. Tu verras leur vie au naturel.

Dix animaux communs dans les mares d'eau salée

Étoile de mer

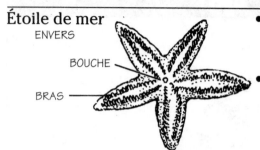

ENVERS

BOUCHE

BRAS

- Elle se déplace lentement dans toutes les directions, à l'aide des centaines d'ambulacres (appendices terminés par un disque-ventouse) alignés sous ses bras.
- Elle utilise ses bras pour ouvrir un crustacé en le faisant craquer, puis plonge son estomac qu'elle retourne à l'envers, à travers sa propre bouche, pour se nourrir à même le coquillage.

Éponge

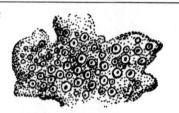

- Elle reste accrochée aux rochers et aux coquillages (certaines éponges ressemblent à des taches de peinture rose ou orangée).
- Elle utilise certains des trous de son corps pour filtrer dans l'eau des animalcules invisibles à l'œil nu.

Anémone de mer

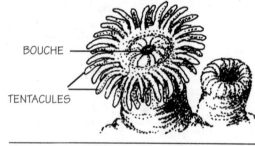

BOUCHE

TENTACULES

- Elle reste habituellement fixée aux coquillages et aux rochers, mais peut se déplacer très lentement (certaines anémones ressemblent à des fleurs mauves ou vertes).
- Elle utilise les tentacules situés autour de sa bouche pour attraper des animaux, comme les petits crabes et les crevettes, mais rentre ses tentacules quand elle est en danger ou hors de l'eau.

Balane

PIED

- Elle reste accrochée aux coquillages, aux rochers ou à d'autres objets lisses.
- Elle sort son panache de filaments plumeux de sa coquille pour attraper des fragments de plantes et d'animaux en suspension dans l'eau, mais elle se referme hermétiquement hors de l'eau.

Moule

- Habituellement, elle reste fixée aux rochers, aux pilotis des quais et à d'autres moules.
- Elle entrouvre sa coquille dans l'eau afin de laisser entrer des parcelles de plantes et d'animaux, mais se referme dès qu'elle se trouve hors de l'eau.

Patelle

- Habituellement, elle reste immobile le jour, mais, la nuit, elle rampe lentement sur un long pied, à la recherche de nourriture.
- Elle utilise sa langue râpeuse pour détacher les plantes des rochers. On la connaît aussi sous le nom de «bernique».

Chiton

- Il se déplace comme la patelle (ci-dessus).
- Il se nourrit comme elle. On l'appelle également «oscabrion».

Oursin

SQUELETTE

- Il se déplace lentement sur des rangées de petits pieds tubulaires et de piquants acérés qui le protègent.
- Il utilise les cinq dents de sa bouche pour gratter et mastiquer la nourriture, comme les algues. (Compare un oursin vivant avec le squelette d'un oursin que tu trouveras sur la plage.)

Poisson

- La plupart du temps, il nage en agitant la queue d'un côté et de l'autre.
- Il mange des miettes de plantes et d'animaux en suspension dans l'eau ou attrape des petits animaux comme des crevettes. (Voir activités, pages 30 à 33.)

Crabe

- Il se déplace vraiment vite, de côté, sur huit pattes.
- Il mange des animaux morts et attrape des menus poissons, des vers, des coquillages et d'autres petits animaux. Certaines espèces mangent des algues. (Voir activités, pages 22 à 26.)

Bâtisse pour lunatice

S ur maintes plages de sable doux habite la très belle lunatice. Sa coquille fait penser à celle de l'escargot de terre... mais quelle coquille! Large, globuleuse, elle mesure près de 14 cm de longueur. Selon l'espèce, la coquille peut être blanc crémeux, grise, brune, argent ou rose.

Mais la lunatice est plus qu'une jolie coquille, c'est aussi une chasseuse habile. Avec l'acide du bout de sa langue, elle peut ramollir la coquille dure d'un animal comme la moule. Puis, avec sa langue dentelée, la lunatice perce un trou à travers la coquille. Avec sa longue langue, la lunatice retire alors le corps mou de la moule et s'en nourrit.

COQUILLE

PIED

Dépiste une lunatice

1. Patauge dans l'eau peu profonde sur une plage de sable, à marée basse. Si tu as une lunette marine (page 13), c'est le moment de l'utiliser. Cherche un petit monticule de sable qui se déplace lentement. Les lunatices passent le plus clair de leur temps sous le sable, à la recherche de proies pour se nourrir.

2. Repousse DOUCEMENT le sable. Tu vas probablement découvrir une lunatice et tu pourras la regarder de près.

3. Remarque le grand pied musculeux autour de la coquille. La lunatice utilise son pied pour se déplacer en glissant dans le sable ou à sa surface. Comme un capuchon, un repli de son pied protège ses yeux du sable. Quelquefois, elle se sert de son pied pour étouffer sa proie ou retenir l'animal pendant qu'elle perce sa coquille.

4. Fouille dans le sable, sur le chemin parcouru par la lunatice. Tu pourrais y découvrir sa dernière proie : peut-être une moule. Les petites lunatices mangent les moules qui ne sont pas rentrées dans leur coquille, alors que les grosses lunatices peuvent percer et manger les moules qui sont bien refermées.

La lunatice à la loupe

1. Ramasse DOUCEMENT une lunatice et pose-la dans ta main. Comme c'est glissant! Touche son pied gluant. Parce que tu l'as dérangée, la lunatice va sûrement rentrer dans sa coquille.

2. Observe comment elle engage son gros pied dedans. Elle doit rejeter beaucoup d'eau pour y parvenir.

3. Remarque bien comment elle referme sa coquille après s'être glissée à l'intérieur. Sers-toi de ta loupe.

4. Replace DOUCEMENT la lunatice où tu l'as trouvée. Regarde réapparaître son pied qui l'entraînera ailleurs.

Lunaticeries

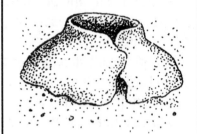

- La lunatice fabrique une substance faite de mucus et de sable pour faire tenir en anneau ses milliers de petits œufs. Lorsque l'anneau s'effrite, les jeunes lunatices éclosent.

- Certaines espèces de lunatices mangent jusqu'à six ou sept moules par jour.

- Lorsque les dents de sa langue s'usent, il en pousse d'autres.

Cache-cache!

Imagine que tu arrives à la plage et qu'elle te semble vide. Rien ne bouge. Ça arrive parfois, mais ça ne signifie pas que les animaux sont partis. Peut-être se cachent-ils.

Les animaux ont de bonnes raisons de se cacher. Ils veulent éviter d'être mangés. Parfois ils se dissimulent pour surprendre leur proie. Ils se cachent aussi pour se protéger des vagues, des rayons du soleil, des vents secs et du temps froid.

Creuse la plage

1. Choisis un endroit sur la plage et creuse. Beaucoup de petits animaux, comme des insectes et des vers, vivent dans le sable et dans la boue. Que découvres-tu? Utilise ta loupe. Rappelle-toi de remplir les trous que tu as creusés.

2. Essaie de trouver une arénicole. Rampe sur la plage, à la recherche d'un petit monticule de sable ou de boue en forme de cône. Chacun de ces monticules marque le bout du terrier en forme de U d'une arénicole. Trouver un monticule, ce n'est pas aussi difficile que ça. Sur certaines plages, il y en a des milliers.

3. Creuse DOUCEMENT avec ta pelle près du monticule. Tu vas découvrir une arénicole brunâtre ou verdâtre. Elle aspire le sable ou la boue, qui contiennent des particules de nourriture, puis expulse ce qui n'est pas comestible. L'arénicole repousse le tout en dehors du terrier et crée ce petit monticule conique.

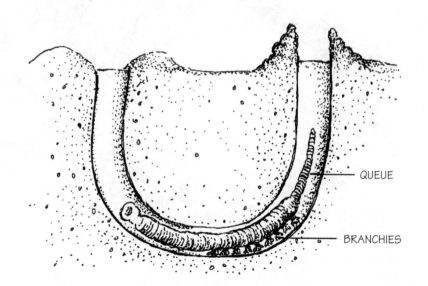

QUEUE

BRANCHIES

4. Prends DOUCEMENT l'arénicole et tiens-la dans ta main ou dépose-la dans ta pelle. Regarde ses petites soies rouges. Ce sont les branchies par lesquelles elle respire. Trouve la queue de l'arénicole, la partie la plus mince de son corps.

5. Libère l'arénicole et regarde-la se frayer un chemin à toute vitesse dans le sable. Remplis le trou que tu as creusé.

Bavardages de rivage

- En cinq minutes, une puce de mer peut creuser un trou plus profond que trois fois sa longueur. C'est comme si, en cinq minutes... et sans pelle, tu creusais un trou plus profond que la grandeur de trois de tes amis mis bout à bout.

- Le cœur du tunicier pompe le sang dans son corps, l'envoyant d'abord dans une direction, puis dans l'autre.

Puces sous détritus

1. Marche le long de la plage et examine les détritus que les vagues y ont rejetés : algues brisées, coquilles vides, os, bois, animaux morts, et même des déchets humains comme des boîtes de conserve, de la corde et des bouteilles en plastique.

2. Soulève quelques détritus et creuse le sable tout autour. Qu'est-ce que tu peux y trouver ? Une puce de mer, un animal qui mesure moins de la moitié de ton petit doigt et qui saute haut. On l'appelle aussi crevettine. Elle se nourrit de déchets.

3. Regarde comme la puce de mer saute bien — comme une puce — mais ce n'est pas un insecte. Elle s'apparente plutôt aux crevettes et aux balanes. Regarde maintenant s'il y en a qui s'enfouissent dans le sable ou qui creusent sous les déchets où elles passent leur journée. La nuit, elles sautent ici et là sur la plage.

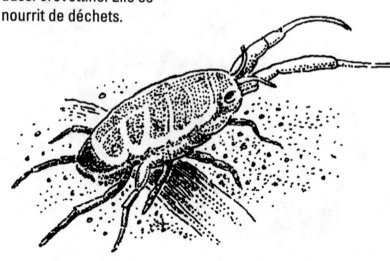

Explore les rochers

1. À marée basse, cherche les créatures qui se fixent aux rochers. L'une des plus bizarres est le tunicier. Selon l'espèce, il ressemble à une goutte de gelée, à des poils ou à du plastique. Il peut être petit comme un pois ou gros comme une pomme. Sur le dessus de son corps, il possède deux tubes disposés comme des oreilles: l'eau apporte la nourriture par l'un des tubes, tandis que cette eau remplie de déchets est expulsée par l'autre. Si tu touches DOUCEMENT un tunicier, il peut faire gicler de l'eau.

2. Cherche dans les fentes ou les trous des rochers d'autres animaux comme des bigorneaux et des crabes. Ils aiment les endroits ombragés et humides.

3. Soulève quelques galets à marée basse. Le sable ou la boue qui s'y trouvent restent humides de sorte que plusieurs espèces d'animaux peuvent s'y cacher. Que trouves-tu?

Nouvelle vague de plages

Le vent fouette la surface de la mer et y crée des vagues. Ce sont les vents forts qui viennent de loin qui donnent naissance aux plus grosses vagues. Lorsque ces vagues atteignent la côte, elles la frappent avec une telle force qu'elles emportent un peu de la plage avec elles.

À certains endroits, les vagues construisent des plages. Avec du sable, les vagues et le vent peuvent former une étroite bande en pente douce, qui s'élargit graduellement. Mais la plage n'est jamais pareille. Avec les vents et les vagues, le sable se déplace constamment et de nouvelles couches se forment.

Messages dans le sable

1. Cherche les marques laissées par le clapotis des vagues sur les plages sablonneuses. Ce sont de minces lignes ondulées faites de sable, de mousse et d'objets abandonnés par la mer, algues ou coquillages brisés. Les vagues prennent la plage d'assaut, puis rebroussent chemin, laissant ces témoins qui indiquent jusqu'où les vagues se sont rendues. Suis ces marques sur une courte distance, puis regarde une nouvelle vague les effacer et laisser sa propre signature sur la plage.

2. Rampe le long du côté humide des marques et recherche les petits dômes de sable. Ils peuvent être plus larges que ta main et assez creux pour recouvrir ton ongle. Les vagues créent ces dômes en retenant l'air qui se dilate et soulève le sable. Perce un trou dans l'un d'eux et regarde-le s'écraser en laissant l'air s'échapper.

3. Recherche les marques en V sur la plage. Lorsque les vagues déferlent sur une pierre ou un coquillage, elles laissent une marque qui ressemble à un V. Combien en trouves-tu?

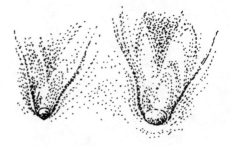

4. Découvre maintenant les marques en forme de losange. Lorsque les petites vagues se retirent rapidement, elles laissent ce dessin sur le sable.

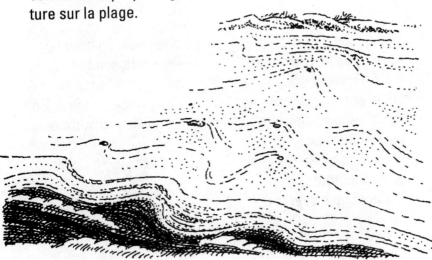

Creuse le rivage

1. Avec ta pelle, creuse un trou de la taille de ton seau dans le sable mouillé d'un coin de la plage où le terrain est plat.

2. Sur un des côtés de ce trou, observe les petits trous dans la paroi. C'est l'air emprisonné dans le sable qui crée ces ouvertures.

AIR EMPRISONNÉ

3. Égalise les parois du trou avec ta pelle. Recherche les différentes couches de sable entassées les unes sur les autres dans les parois. Sur certaines plages, tu en verras peu ou pas du tout; sur d'autres, tu en verras plusieurs. Compte-les et inscris le nombre dans ton cahier. Compare avec le nombre de couches trouvées sur une autre plage.

4. Utilise ta loupe pour observer ces couches. Elles peuvent être composées de sable fin ou de gros sable, être pâles ou foncées, brillantes ou mates. Ce sont des indices de ce qui s'est passé dans la mer. Lorsque l'eau est calme, par exemple, des petits coquillages peuvent former des couches sur une plage. Lorsque l'eau est agitée, les vagues peuvent accumuler des minéraux et former des couches sombres sur la plage.

5. Remplis le trou que tu as creusé.

Lorsque les vagues divaguent

- Lorsque les vagues d'une tempête atteignent la plage, elles peuvent mesurer jusqu'à 30 m de haut. C'est plus élevé qu'un édifice de 10 étages.

- Durant l'hiver, les vagues transportent le sable fin vers la haute mer.

- Une île rapprochée protège la plage des vagues. Le sable peut s'accumuler entre les deux et, graduellement, relier l'île à la plage.

Chasse au trésor

Un trésor, c'est beaucoup plus que de l'argent, de l'or ou des bijoux. Un trésor, c'est tout ce qui a de la valeur pour les gens. Cela peut être quelque chose que la nature a créé ou que l'humain a fabriqué. Un être vivant, un objet, une sensation ou un son. Cela peut être joli, amusant, rare ou très vieux.

Les promeneurs trouvent souvent des trésors sur la plage. Certains adorent les coquillages rejetés par les vagues. Dans certaines parties du monde, des peuples les ont même utilisés comme monnaie.

Course aux *coquillages*

1. Marche le long de la plage pour voir ce que les vagues ont rejeté. En plus des algues et autres objets, tu peux trouver des coquillages vides.

2. Ramasses-en quelques-uns. Observe les trois couches qui composent une coquille : une fine couche protectrice extérieure, une couche plus épaisse au centre et une mince couche intérieure, douce et brillante. Tâte pour sentir la différence entre les couches intérieure et extérieure.

3. Examine les coquillages en pleine lumière. Certaines espèces ont des reflets multicolores. Observe la couche extérieure et les marques qu'elle porte : elle peut être lignée, tachetée, rayée. Ce qu'un animal mange et le sol où il vit peuvent affecter la couleur et les marques de sa coquille.

4. Dans ton cahier, dessine les formes des coquillages que tu vois. Chaque fois que tu trouves un coquillage de la même forme qu'un de tes dessins, fais une marque à

côté du dessin. Quelle forme trouves-tu le plus ? N'oublie pas de laisser les coquillages sur la plage.

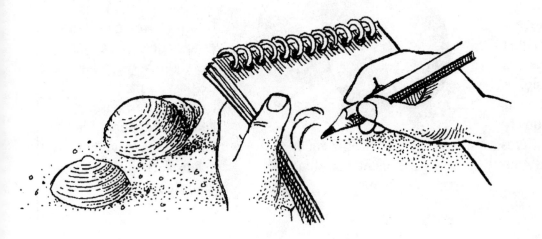

Empoche quelques dollars... de sable

1. À marée basse, cherche, le long d'une plage protégée, le squelette plat et blanchâtre d'un dollar de sable.

2. Remarque comme il est doux. Lorsqu'il était vivant, il était couvert de petits piquants qui l'aidaient à s'enliser dans le fond de la mer ou à se tenir sur le côté pour puiser sa nourriture dans l'eau. Tout comme l'oursin, le dollar de sable perd ses piquants après sa mort.

3. Regarde le dessin finement gravé sur un dollar de sable: une fleur à cinq pétales.

4. Secoue DOUCEMENT un dollar de sable près de ton oreille pour entendre son cliquetis. C'est le bruit des parties dures de la bouche qui roulent à l'intérieur du squelette.

Trésors à trouver

- Des billes de verre colorées se détachent parfois des filets des pêcheurs en Asie. Certaines traversent l'océan Pacifique et aboutissent, entières, sur les plages d'Amérique du Nord.

- Il y a environ 70 000 espèces de coquillages dans le monde.

- Le squelette de certains dollars de sable a des trous qui le traversent de part en part. Ces trous laissent passer l'eau et empêchent le courant de renverser ces dollars qui se tiennent debout.

Une chasse au trésor très spéciale

1. Lis la liste d'objets, de sons et d'odeurs intitulée « Le trésor de la plage ». Combien peux-tu en dénombrer pendant tes excursions à la plage ? Prends ton cahier et ton crayon pour noter ce que tu trouveras, mais ne ramasse pas les objets. Laisse-les là pour la prochaine chasse au trésor.

2. Demande à un ami de trouver les mêmes articles. Comparez vos trésors.

3. Dresse une liste intitulée « mon trésor de plage personnel ». Trouve tous les items, puis passe la liste à un de tes amis.

Le trésor de la plage

- Bois flotté en forme d'animal
- Odeur fraîche et salée
- Plume bicolore
- Algue semblable à du cuir humide
- Bruit d'un objet non vivant
- Galet vert avec des taches sombres
- Nuage voguant dans le ciel
- Scintillement de l'eau
- Empreintes de pied dans le sable humide
- Trois cris aigus dans le ciel
- Vagues aux crêtes blanches
- Rugosité et douceur d'un même objet
- Vapeur fine
- Soleil miroitant sur un poisson
- Objet emporté par le vent

Index